180 CASOS RESUELTOS

EN LENGUAJE DAX

POWER BI

Business Intelligence

Ramón J. Castro

No sabemos cuándo lloverá ni cuanto caerá
pero cuando lo haga, si sabemos por donde pasará.

Índice

Introducción

Este libro está pensado como una guía rápida que recopila un total de 180 casos prácticos habituales en lenguaje DAX para su rápida resolución. Todo el código DAX recogido en la obra puede ser probado a través del fichero 180_Casos_Resueltos_en_Lenguaje_DAX.pbix accesible para su descarga:

www.facebook.com/180casosresueltosenlenguajedax

180 Casos Resueltos en Lenguaje Dax es la primera de cuatro guías rápidas de resolución de casuísticas en lenguaje DAX. El resto de títulos son:

- 90 Casos resueltos de Time Intelligence en Dax
- 80 Casos resueltos de Estadísticas en Dax
- 60 Casos resueltos de Finanzas en Dax

Casos resueltos

001. Crear tabla CALENDAR
Herramientas de tabla > nueva tabla

```
Calendar =
ADDCOLUMNS (
        //fecha_inicial, fecha_final
        CALENDAR ( MIN ( Sales[Date] ), TODAY () ),
        //Valores numéricos
        "year", YEAR ( [Date] ),
        "month", MONTH ( [Date] ),
        "day", DAY ( [Date] ),
        "quarter", QUARTER ( [Date] ),
        "weekDay", WEEKDAY ( [Date] ),
        "weekNum", WEEKNUM ( [Date] ),
        //valores en texto
        "monthName", FORMAT ( [Date], "MMM" ),
        "weekDayName", FORMAT ( [Date], "DDD" ),
        "quarterName", SWITCH ( QUARTER ( [Date] ), 1,
"First", 2, "Second", 3, "Third", 4, "quarter")
)
```

002. Crear tabla en blanco
Herramientas de tabla > nueva tabla

```
Customer Complaints =
//crear una tabla e introducir datos
//nombre columna , tipo de campo (INTEGER, DOUBLE,
STRING, BOOLEAN, CURRENCY, DATETIME)
DATATABLE (
        "Country", STRING,
        "Complaints", INTEGER,
        "Year", DATETIME,
```

```
//introducción de datos en los campos siguiendo el orden
anterior
        {
        { "Canada", 32, 2014 },
        { "Germany", 26, 2014 },
        { "France", 42, 2014 },
        { "Mexico", 18, 2014 },
        { "USA", 38, 2014 },
        { "Canada", 12, 2015 },
        { "Germany", 32, 2015 },
        { "France", 24, 2015 },
        { "Mexico", 30, 2015 },
        { "USA", 27, 2015 },
        { "Canada", 23, 2016 },
        { "Germany", 24, 2016 },
        { "France", 36, 2016 },
        { "Mexico", 27, 2016 },
        { "USA", 32, 2016 }
        }
)
```

003. Crear una tabla con valores únicos a partir de una columna

Herramientas de tabla > nueva tabla

Fields with unique values =
//sobre una columna
DISTINCT(Sales[Country])

004. Crear una tabla con filas únicas a partir de una tabla

Herramientas de tabla > nueva tabla

Rows with unique values =

//sobre una tabla devuelve filas únicas
DISTINCT(Sales)

005. Crear tabla calculada (1)

Herramientas de tabla > nueva tabla

```
Total and Subtotal per category (1) =
//crear una tabla que agrupe subtotales por categorías
SUMMARIZE(
        //tabla fuente
        Sales,
        //columna por la que agrupar
        ROLLUP(Sales[Contry]),
        //expresiones calculadas
        "Sum", SUM(Sales[ Sales]),
        "Avg", AVERAGE(Sales[ Sales])
)
```


006. Crear tabla calculada (2)

Herramientas de tabla > nueva tabla

```
Total and Subtotal per category (2) =
//crear una tabla que agrupe subtotales por categoría a
partir de mas de un filtro
SUMMARIZE(
    //tabla fuente
    CALCULATETABLE(
        //tabla fuente
        Sales,
        //aplicacion de filtros a la tabla resultante
        //tabla, filtro
        FILTER(Sales, Sales[ Sales]>10000),
        FILTER(Sector, Sector[Sector]="Midmarket")
    ),
    //columna por la que agrupar
```

```
        ROLLUP(Sales[Country]),
        //expresiones calculadas
        "Sum", SUM(Sales[ Sales]),
        "Avg", AVERAGE(Sales[ Sales])
)
```

007. Crear tabla calculada (3)

Herramientas de tabla > nueva tabla

```
Total and Subtotal per category (3) =
//crear una tabla que agrupe subtotales por categorías
SUMMARIZE(
        //tabla fuente
        SUMMARIZE(
                //tabla fuente
                Sales,
                //tabla resultante
                Sales[Country],
                Calendar[Year],
                Sales[ Sales]
        ),
        //columna por la que agrupar
        ROLLUP('Calendar'[year]),
        //expresiones calculadas
        "Sum", SUM(Sales[ Sales]),
        "Avg", AVERAGE(Sales[ Sales])
)
```

008. Crear tabla calculada (4)

Herramientas de tabla > nueva tabla

```
Total and Subtotal per >1 category (4) =
//crear una tabla que agrupe subtotales por varias
categorías
ADDCOLUMNS(
```

```
//tabla fuente
SUMMARIZE(
        //tabla fuente.
        Sales,
        //columna por la que agrupar
        Sales[Country],
        Calendar[Year]
    ),
    //expresiones calculadas
    "Sum", CALCULATE(SUM(Sales[ Sales])),
    "Avg", CALCULATE(AVERAGE(Sales[ Sales]))
)
```

009. Crear tabla calculada (5)

Herramientas de tabla > nueva tabla

```
Sales on 2016 =
//crea una tabla que cumple una condicion
CALCULATETABLE(
        //tabla fuente
        Sales ,
        //filtro
        'Calendar'[year] = 2016
)
```

010. Crear tabla calculada (6)

Herramientas de tabla > nueva tabla

```
Sales on Canada 2016 =
//crea una tabla que cumple mas de una condicion
CALCULATETABLE (
        //table Fuente
        Sales,
        //filtros
        Sales[Country] = "Canada",
```

```
        'Calendar'[year] = 2016
)
```

011. Crear tabla calculada (7)

Herramientas de tabla > nueva tabla

```
Sales to salesman per sector =
//Crear una tabla seleccionando columnas de otra tabla
SELECTCOLUMNS (
        //tabla fuente
        Sales,
        //nombre nuevas columnas , origen de datos de la
columna
        "salesman", Sales[Salesman],
        "sector", Sales[Sector],
        "totalSales", SUM ( Sales[ Sales] )
)
```

012. Crear tabla calculada (8)

Herramientas de tabla > nueva tabla

```
Sales to salesman per sector =
//crear una tabla seleccionando columnas de DOS tablas o
mas
//tablas no relacionadas
SELECTCOLUMNS (
        //tabla fuente
        Sales,
        //nombre nuevas columnas, origen de datos de la
        columna
        "country", Sales[Country],
        "tax", LOOKUPVALUE (
                //valor a extraer
                'Country Tax'[Tax],
                //columna de búsqueda
```

```
                    'Country Tax'[Country],
                    //columna de la que extraer el
                    valor a buscar
                    [Country]
            ),
        "totalSales", SUM ( Sales[ Sales] )
)
```

013. Crear tabla calculada (9)

Herramientas de tabla > nueva tabla

```
Sales per country (1) =
//crear una tabla calculada con el resumen de ventas por
país
SUMMARIZECOLUMNS (
    //tabla y columnas
    Sales[country],
    //nueva columna y criterio
    "totalSales", SUM ( Sales[ Sales] ),
    "AvgSales", AVERAGEX('Sales', SUM ( Sales[ Sales] ) ),
    "Max Sales", MAXX('Sales', SUM ( Sales[ Sales] ) ),
    "Min Sales", MINX('Sales', SUM ( Sales[ Sales] ) ),
    "Sales Count", COUNTROWS('Sales')
)
```

014. Crear tabla calculada (10)

Herramientas de tabla > nueva tabla

```
Sales to sector per country (2) =
//crear una tabla calculada con el resumen de ventas por
país,
//filtrando por un valor de la misma tabla
SUMMARIZECOLUMNS (
    //tabla y columnas
    Sales[country],
```

```
//criterio
FILTER ( Sales, Sales[Sector] = "Government" ),
//columnas calculadas
"totalSales", SUM ( Sales[ Sales] ),
"AvgSales", AVERAGEX('Sales', SUM ( Sales[ Sales] ) ),
"Max Sales", MAXX('Sales', SUM ( Sales[ Sales] ) ),
"Min Sales", MINX('Sales', SUM ( Sales[ Sales] ) ),
"Sales Count", COUNTROWS('Sales')
)
```

015. Crear tabla calculada (11)

Herramientas de tabla > nueva tabla

```
Sales to Government sector per country in 2015 =
//crear una tabla calculada con el resumen de ventas por país,
//filtrando por un valor de otra tabla relacionada
SUMMARIZECOLUMNS (
        //tabla y columnas
        Sales[country],
        //criterios
        FILTER ( Sector, Sector[Sector] = "Government" ),
        FILTER ( 'Calendar', 'Calendar'[year] = 2015),
        //columnas calculadas
        "totalSales", SUM ( Sales[ Sales] ),
        "AvgSales", AVERAGEX('Sales', SUM ( Sales[ Sales] ) ),
        "Max Sales", MAXX('Sales', SUM ( Sales[ Sales] ) ),
        "Min Sales", MINX('Sales', SUM ( Sales[ Sales] ) ),
        "Sales Count", COUNTROWS('Sales')
)
```

016. Crear tabla calculada (12)

Herramientas de tabla > nueva tabla

Average sales amount per seller =

```
//crea una tabla agrupada por una condicion
SELECTCOLUMNS (
        //tabla
        Salesman,
        //columnas nuevas
        "Name", Salesman[Salesman],
        "Gender", Salesman[Gender],
        //RELATEDTABLE evalúa una expresión de tabla en
        un contexto
        //modificado por los filtros especificados
        //tipo de relacion de "muchos" a "uno"
        "AvgSales", AVERAGEX (
                //tabla
                RELATEDTABLE ( Sales ),
                //expresion
                Sales[ Sales] )
)
```

017. Crear tabla calculada (13)

Herramientas de tabla > nueva tabla

```
Average sales amount per seller and gender M =
//crea una tabla agrupada por mas de una condicion
SELECTCOLUMNS (
        FILTER ( Salesman, Salesman[Gender] = "M" ),
        "Name", Salesman[Salesman],
        "Gender", Salesman[Gender],
        //RELATEDTABLE evalúa una expresión de tabla en
        un contexto
        //modificado por los filtros especificados
        //tipo de relación de "muchos" a "uno"
        "Average sales", AVERAGEX ( RELATEDTABLE (
Sales ), Sales[ Sales] )
)
```

018. Crear tabla calculada (14)

Herramientas de tabla > nueva tabla

```
Total and Subtotal per >1 category (5) =
//crear una tabla que agrupe subtotales por varias
categorías
//a partir de uno o varios filtros
FILTER(
        ADDCOLUMNS(
                SUMMARIZE(
                        //tabla fuente
                        Sales,
                        //columna por la que agrupar
                        Sales[Country],
                        Calendar[Year]
                ),
                //expresiones calculadas
                "Sum", SUM(Sales[ Sales]),
                "Avg", AVERAGE(Sales[ Sales])
        ),
        //utilizamos columnas de la tabla resultante como
        filtro
        AND( [Sum] > 5000000, Sales[Country]="USA")
)
```

019. Crear tabla calculada de una única fila

Herramientas de tabla > nueva tabla

```
Total sales =
//crear una tabla de una unica fila que muestre los valores
obtenidos de una expresion
ROW (
        //nombre columna, expresión
        "Total sales", SUM ( Sales[ sales] ),
        "Total COGS", SUM ( Sales[COGS])
)
```

020. Crear tabla con valores únicos a partir de otra tabla

Herramientas de tabla > nueva tabla

Countries with sales =
//seleccionamos tabla
//obtenemos filas con valores unicos
VALUES(Sales)

021. Crear tabla con valores únicos a partir de una columna contenida en otra tabla

Herramientas de tabla > nueva tabla

Countries with sales =
//seleccionamos tabla[columna]
//obtenemos columna con valores unicos
VALUES(Sales[contry])

022. Añadir una columna de una tabla a otra tabla

Herramientas de tabla > nueva columna

Add province to sales =
//tablas relacionadas
//crear una nueva columna en la tabla Sales
RELATED(Country[Province])

023. Añadir una columna de una tabla a otra tabla si cumple una condición (1)

Herramientas de tabla > nueva columna

Sales in Niza =
//tablas relacionadas

```
//crear una nueva columna en la tabla Sales
//cumple una condicion
IF(
        Sales[Country]="France",
        RELATED(Country[Province]),
        BLANK()
)
```

024. Añadir una columna de una tabla a otra tabla si cumple más de una condición (2)

Herramientas de tabla > nueva columna

```
Sales in Niza in 2016 =
//tablas relacionadas
//crear una nueva columna en la tabla Sales
//cumple mas de una condicion
IF(
    //condicion
    AND(
      Sales[Country]="France",
      Sales[Date]=2016 ),
    //resultado positive
    RELATED(Country[Province]),
    //resultado negativo
    BLANK()
)
```

025. Añadir una columna de una tabla no relacionada a otra tabla

Herramientas de tabla > nueva columna

```
Tax by sale (4) =
//tablas no relacionadas
//crear una nueva columna en la tabla Sales
```

```
//el dato del impuesto lo cogemos de la tabla Country Tax
LOOKUPVALUE(
        //valor a extraer
        'Country Tax'[Tax],
        //columna de búsqueda
        'Country Tax'[Country],
        //columna de la que extraer el valor a buscar
        Country2[Country]
)
```

026. Añadir una columna de una tabla a otra tabla si cumple más de una condición (1)

Herramientas de tabla > nueva columna

```
//tablas no relacionadas
//crear una nueva columna en la tabla Sales
//el dato del impuesto lo cogemos de la tabla Country Tax
//debe cumplirse una condicion
Tax by sale in Germany (5) =
IF(
        Country2[Country] = "Germany",
        LOOKUPVALUE(
                //valor a extraer
                'Country Tax'[Tax],
                //columna de búsqueda
                'Country Tax'[Country],
                //columna de la que extraer el valor a
                buscar
                Country2[Country]
        ),
        BLANK()
)
```

027. Añadir una columna de una tabla a otra tabla si cumple más de una condición (2)

Herramientas de tabla > nueva columna

```
Tax by sale in Germany and Canada(6) =
//tablas no relacionadas
//crear una nueva columna en la tabla Sales
//el dato del impuesto lo cogemos de la tabla Country Tax
//debe cumplirse mas de una condicion
IF(
        Country2[Country] IN {"Germany","Canada"},
        LOOKUPVALUE(
            //valor a extraer
            'Country Tax'[Tax],
            //columna de búsqueda
            'Country Tax'[Country],
            //columna de la que extraer el valor a buscar
            Country2[Country]
        ),
        BLANK()
)
```

028. Cálculo del acumulado por registro

Herramientas de tabla > nueva columna

```
CashFlow by Reg=
//valor saldo de caja por movimiento
//expresion, filtro
CALCULATE (
    SUM ( CashFlow[Movement] ),
    FILTER (
        CashFlow,
        CashFlow[Reg] <= EARLIER ( CashFlow[Reg] )
    )
)
```

029. Cálculo del acumulado por unidad de tiempo (1)

Herramientas de tabla > nueva columna

```
CashFlow by Date =
//valor saldo de caja por movimiento
//expresion, filtro
CALCULATE (
        SUM ( CashFlow[Movement] ),
        FILTER (
            CashFlow,
            CashFlow[Date] <= EARLIER ( CashFlow[Date] )
        )
)
```

030. Cálculo del acumulado por unidad de tiempo (2)

Modelado > nueva medida

```
Sales_2016 =
 //calculo de una expresion que no le afectan los filtros de
contexto
//expresion,filtro
CALCULATE (
        SUM ( Sales[ Sales] ),
        FILTER (
                //ALL evita la aplicación de filtros de
                contexto ajenos a la expresión
                ALL ( Sales ),
                RELATED ( 'Calendar'[year] ) = 2016
        )
)
```

031. Cálculo del acumulado por unidad de tiempo (3)

Modelado > nueva medida

```
Sales by Year =
//calculo de una expresion que no le afectan los filtros de
contexto
//expresion,filtro
CALCULATE (
        SUM ( Sales[ Sales] ),
        FILTER (
                //ALL evita la aplicación de filtros de
                contexto ajenos a la expresión
                ALL ( Sales ),
                Sales[Date] <= MAX(Sales[Date])
        )
)
```

032. Contar valor único (1)

Modelado > nueva medida

```
Number sales to Canada (1) =
//calcular el numero de veces que se repite un valor
//expresion,filtro
CALCULATE (
        COUNT ( Sales[ Sales] ),
        //si le afectan los filtros de contexto
        Sales[Country] = "Canada"
)
```

033. Contar valor único (2)

Modelado > nueva medida

```
Number sales to Canada (2) =
//calcular el numero de veces que se repite un valor
//expresion,filtro
CALCULATE (
        COUNT ( Sales[ Sales] ),
        //no le afectan los filtros de contexto
```

```
        FILTER (
                ALL ( Sales ),
                Sales[Country] = "Canada"
        )
)
```

034. Contar valor único (3)

Modelado > nueva medida

```
Number sales to Canada >5000(3) =
//Calcular el numero de veces que se repite un valor que cumple
//mas de una condicion
//expresion,filtro
CALCULATE(
        COUNT([Sales]),
        FILTER(
                //no le afectan los filtros de contexto
                ALL(Sales),
                AND(
                    Sales[Country]="Canada",
                    Sales[Sales]>5000
                )
        )
)
```

035. Contar valor único (4)

Modelado > nueva medida

```
Number contries -sales (1) =
//cuenta el numero de valores unicos
//afectan filtros de contexto
DISTINCTCOUNT(Sales[Country])
```

036. Contar valor único (5)

Modelado > nueva medida

```
Number contries -sales (2) =
//cuenta el numero de valores unicos
//no afectan filtros de contexto
CALCULATE(
        //cuenta valores unicos en formato texto
        DISTINCTCOUNTA(Sales[Country]),
        ALL(Sales)
)
```

037. Contar valor único (6)

Modelado > nueva medida

```
Numbers of products sold (2) =
COUNTX(
        //usamos FILTER para que nos devuelva una tabla
        FILTER(
            ALL(Sales),
            RELATED( Product [Product]) = Sales[Product]
        ),
        Sales[ Sales]
)
```

038. Contar valor único (7)

Modelado > nueva medida

```
Numbers of products sold (3) =
//expresion, filtro
CALCULATE(
        //cuenta valores unicos en formato texto - ignora
        campos en blanco
        DISTINCTCOUNTNOBLANK(Sales[Product]),
```

```
//especifica la dirección del filtro a usar entre dos
tablas
CROSSFILTER(
        'Product'[Product],
        Sales'[Product],
        Both
    )
)
```

039. Contar valor único (8)

Modelado > nueva medida

```
Numbers of products sold (4) =
//expresion, filtro
CALCULATE(
        //cuenta valores unico en formato texto - ignora
        campos en blanco
        DISTINCTCOUNTNOBLANK(Sales[Product]),
        TREATAS(
                //tabla filtro
                Country_3 ,
                // tabla sobre la que se aplica el filtro
                'Country Tax'[Country]
        )
)
```

040. Contar valores por cada categoría

Herramientas de tabla > nueva tabla

```
Numbers of products sold (5) =
//cuenta el número de valores usando de filtro una
segunda tabla
//tabla de la que se extraen los datos
SUMMARIZE(
        Sales,
```

```
        //columna de datos
        Sales[Product],
        //columna que creamos
        "numberSales", COUNTA(Sales[Product])
)
```

041. Contar valores únicos por cada categoría

Herramientas de tabla > nueva tabla

```
Numbers of products sold (6) =
//cuenta el número de valores unicos usando de filtro una
segunda tabla
//tabla de la que se extraen los datos
SUMMARIZE(
        Sales,
        //columna de datos
        Sales[Product],
        //columna que creamos entre " " , expresión
        "numberSales", DISTINCTCOUNT(Sales[Product])
)
```

042. Contar valores de una categoría (1)

Modelado > nueva medida

```
Number of sales to Germany (1) =
//contar filas de una categoría. Afectan filtros de
contexto.
//expresion, filtro
CALCULATE(
        //expresion: cuenta las filas
        COUNTROWS(Sales),
        //filtro: por pais Alemania
        Sales[Country]="Germany"
)
```

043. Contar valores de una categoría (2)

Modelado > nueva medida

```
Number of sales to Germany (2) =
//contar filas de una categoría.
//No le afectan filtros de contexto.
//expresion, filtro
CALCULATE(
      COUNTROWS(Sales),
      FILTER(
        //ALL evita que le afecten los filtros de contexto
        ALL(Sales),
        Sales[Country]="Germany"
      )
)
```

044. Contar valores de una categoría (3)

Modelado > nueva medida

```
Number of sales to Germany (3) =
//contar filas de una categoría ignorando filas con algun
registro en blanco
//no le afectan filtros de contexto.
//expresion, filtro
CALCULATE (
      //expresion: cuenta las filas, ignorando las que
      tienen algun campo en blanco
      COUNTROWS ( Sales ),
      //filtro: por pais Alemania
      FILTER (
            //tabla o expresion que devuelve una tabla
            ALLNOBLANKROW ( Sales ),
            //campo filtrado
            Sales[Country] = "Germany"
      )
)
```

045. Contar campos llenos

Modelado > nueva medida

```
Number of NO blanks =
//contar el numero de valores descartando campos en
blanco
//expression, filtro
CALCULATE(
        COUNT( Sales[Discounts]) ,
        NOT( ISBLANK(Sales[Discounts]) )
)
```

046. Contar campos vacíos

Modelado > nueva medida

```
Number of blanks =
//contar campos vacios de una columna.
//afectan filtros de contexto
COUNTBLANK(Sales[Discounts])
```

047. Contar el número de veces que se repite cada valor de una categoría

Herramientas de tabla > nueva columna

```
Sales per Product (1) =
//Contar el número de veces que se repite cada valor.
COUNTROWS(
        // tabla o expresion que devuelve una tabla
        FILTER(
                Sales,
                Sales[Product] = EARLIER(Sales[Product])
        )
)
```

048. Número de veces que se repite cada valor de
una categoría que cumple una condición
Herramientas de tabla > nueva columna

```
Sales per Product (1) =
//Contar el número de veces que se repite cada valor.
IF(
        //condicion
        Sales[Product] = "Mouse" ,
        //resultado positive
        COUNTROWS(
                // tabla o expresion que devuelve una tabla
                FILTER(
                Sales,
                Sales[Product] = EARLIER(Sales[Product])
                )
        ),
        //resultado negativo
        BLANK()
)
```

049. Calcular Total
Modelado > nueva medida

```
Total sales (1) =
//SI le afectan los filtros de contexto
SUM (Sales[Sales])
```

050. Calcular Total
Modelado > nueva medida

```
Total sales (2) =
//expresion, filtro
```

```
CALCULATE(
        SUM(Sales[ Sales]),
        //la función ALL evita que le afecten filtros de
        contexto
        ALL(Sales)
)
```

051. Calcular Total por categorías (1)

Herramientas de tabla > nueva tabla

```
Sales per Country and Sector =
//devuelve una tabla como resultado

VAR gSales = SUM(Sales[ Sales])

VAR gTaxes = SUM(Sales[ Sales])*Sales[Tax]

RETURN

SUMMARIZE (
        //tabla a partir de la cual vamos a calcular la(s)
        medida(s)
        Sales,
        //Columnas que van a componer la tabla
        Sales[Country],
        Sales[Tax],
        Sales[Sector],
        //creamos la(s) columna(s) donde se van a calcular
        las medidas
        "grossSale", gSales,
        "netTax", gTaxes,
        "netSale", gSales – gTaxes
)
```

052. Calcular Total por categorías (2)

Herramientas de tabla > nueva tabla

```
Sales per Sector in France =
//devuelve una tabla como resultado
CALCULATETABLE(
        // tabla o expresion que devuelve una tabla
        SUMMARIZE (
                //tabla a partir de la cual vamos a calcular
                la(s) medida(s)
                Sales,
                //Columnas que van a componer la tabla
                Country Tax[Country],
                Sector[Sector],
                //creamos la(s) columna(s) donde se van a
                calcular las medidas
                "totalSales", SUM ( Sales[ Sales] )
        ),
        //filtros
        'Country Tax'[Country] = "France"
)
```

053. Calcular Total por categorías (3)

Herramientas de tabla > nueva tabla

```
Sales per Midmarket Sector in France =
//devuelve una tabla como resultado
SUMMARIZE (
  CALCULATETABLE(
    //tabla o expresion que devuelve una tabla
    Sales,
    //filtros
    FILTER( Sector, Sector[Sector]="Midmarket"),
    FILTER('Country  Tax','Country Tax'[Country]="France")
  ),
```

```
//columnas
Category[Category],
"totalSales", SUM ( Sales[ Sales] ),
"AvgSales", AVERAGEX( Sales, SUM ( Sales[ Sales] ) ),
"Max Sales", MAXX( Sales, SUM ( Sales[ Sales] ) ),
"Min Sales", MINX( Sales, SUM ( Sales[ Sales] ) ),
"Sales Count", COUNTROWS( Sales )
)
```

054. Calcular Subtotal por categoría (1)

Herramientas de tabla > nueva tabla

```
Subtotal per Salesman and Sector (1) =
//las columnas se cogen de varias tablas relacionadas
//al principio de la tabla muestra el subtotal por sector y
vendedor
//al final de la tabla el total por vendedor
SUMMARIZECOLUMNS(
        ROLLUPADDISSUBTOTAL(
                Sales[Sector], "subtotal", Sales
        ),
        Salesman[Salesman],
        “Sales", SUM(Sales[ Sales])
)
```

055. Calcular Subtotal por categoría (2)

Herramientas de tabla > nueva tabla

```
Subtotal per country (2) =
//las columnas se cogen de una sola tabla
//al principio de la tabla muestra el subtotal por sector y
vendedor
//al final de la tabla el total por vendedor
SUMMARIZE(
```

```
    Sales,
    Sales[Salesman],
    ROLLUPGROUP(Sales[Sector]),
    "Sales", SUM(Sales[ Sales])
)
```

056. Agrupar resultado por N categorías
Herramientas de tabla > nueva tabla

```
Sales per salesman and country =
//funciona solo combinada con otras funciones iteractivas
(SUMX,AVERAGEX,..)
GROUPBY (
        //tabla en la que se realiza los cálculos
        Sales,
        //columnas por las que vamos agrupar
        'Country Tax'[Country],
        Salesman[Salesman],
        //columna(s) que contendra el calculo
        //GROUP BY trabaja siempre con CURRENTGROUP
        "totalSales", SUMX ( CURRENTGROUP (), SUM (
Sales[ Sales] ) )
)
```

057. Comparar dos cadenas de texto misma tabla
Herramientas de tabla > nueva columna

```
Compare two text strings (1) =
//compara dos cadenas de valores
//distingue entre mayusculas y minusculas
EXACT(Sales[Gross Sales],Sales[ Sales])
```

058. Comparar dos cadenas de texto distinta tabla
Herramientas de tabla > nueva columna

Compare two text strings (2) =
//compara dos cadenas de valores de dos tablas
relacionadas
//distingue entre mayusculas y minusculas
EXACT(
        Country_2[Country] ,
        RELATED('Country Tax'[Country])
)

059. Valores no coincidentes entre dos tablas
relacionadas
Herramientas de tabla > nueva tabla

Countries without sales =
//devuelve una tabla con valores unicos
VAR countriesWithSales = VALUES(Sales[Country])

//devuelve una tabla con valores unicos
VAR countriesTable = VALUES(Country_2[Country])

RETURN

//retorna una tabla con los valores que están
//en la primera tabla y no en la segunda tabla
//tabla filtrada, tabla filtro
EXCEPT(
        countriesTable,
        countriesWithSales
)

 Valores no coincidentes entre dos tablas no relacionadas

Herramientas de tabla > nueva tabla

```
Countries without sales (2) =
//devuelve una tabla con valores unicos
VAR countriesWithSales = VALUES(Sales[Country])

//devuelve una tabla con valores unicos
VAR countriesTable = VALUES(Country_2[Country])

RETURN

//tabla, expresion
CALCULATETABLE(
        //tabla filtrada, tabla filtro
        EXCEPT(
                countriesTable,
                countriesWithSales
        ),
         TREATAS(
                //tabla filtro
                Country_3 ,
                //tabla sobre la que se aplica el filtro
                'Country Tax'[Country]
        )
)
```

061. Valores coincidentes entre dos tablas no relacionadas

Herramientas de tabla > nueva tabla

```
Matching countries =
//valores coincidentes entre dos tablas no relacionadas
//devuelve una tabla sin valores duplicados
```

```
INTERSECT (
        VALUES (Country_3[Country] ),
        VALUES ( Country_2[Country] )
)
```

062. Valores coincidentes entre dos tablas relacionadas

Herramientas de tabla > nueva columna

```
Matching values =
//busca valores coincidentes de la primera tabla en la
segunda
//tablas relacionadas
EXACT(
        Country_2[Country] ,
        RELATED('Country Tax'[Country])
)
```

063. Redondear una cifra hacia arriba especificando número de decimales

Herramientas de tabla > nueva columna

```
ROUND UP (2) =
//redondea un numero alejándose del cero
//tabla[columna], numero_decimales
ROUNDUP(Sales[Profit],2)
```

064. Redondear una cifra hacia abajo especificando número de decimales

Herramientas de tabla > nueva columna

ROUND DOWN (2) =
//redondea un numero hacia el cero
//tabla[columna], numero_decimales
ROUNDDOWN(Sales[Profit],2)

065. Redondear una cifra a un número de decimales

Herramientas de tabla > nueva columna

ROUND =
//redondea una cifra al numero de decimales
especificados
//tabla[columna], decimales
ROUND(Sales[Profit],2)

066. Redondear una cifra hacia abajo a su múltiplo significativo más próximo (1)

Herramientas de tabla > nueva columna

ROUND DOWN (1) =
//redondea un numero al multiplo significativo mas
proximo hacia abajo
//tabla[columna], valor_multiplo
FLOOR(Sales[Profit],0.10)

067. Redondear una cifra hacia arriba a su múltiplo significativo más próximo (2)

Herramientas de tabla > nueva columna

ROUND UP (1) =
//redondea un numero al multiplo significativo mas
proximo hacia arriba

```
//tabla[columna], valor_multiplo
CEILING(Sales[Profit],0.10)
```

068. Redondear una cifra hacia el número entero igual o inferior más próximo (1)

Herramientas de tabla > nueva columna

```
ROUND DOWN (1) =
//redondea un numero al entero igual o inferior mas
proximo
//tabla[columna]
INT(Sales[Profit])
```

069. Devuelve la parte entera de un número decimal

Herramientas de tabla > nueva columna

```
ROUND (1) =
//devuelve la parte entera de un numero
//tabla[columna]
TRUNC(Sales[Profit])
```

070. Añadir una excepción a los resultados devueltos por una medida (1)

Modelado > nueva medida

```
Total sales without USA =
//condición, se cumple muestra el resultado_1, no se
cumple muestra el resultado_2
IF (
    //HASONVALUE devuelve TRUE or FALSE por cada
    campo de una columna si este contiene o no un valor
```

```
HASONEVALUE ( Sales[Country] ),
IF ( VALUES ( Sales[Country] ) <> "USA",
        SUM(Sales[ Sales]),
        BLANK ()
),
CALCULATE(
        //expression, filtro
        SUM(Sales[ Sales]),
        Sales[Country] <> "USA"
)
)
```

071. Añadir una excepción a los resultados devueltos por una medida (2)

Modelado > nueva medida

```
Total sales USA and Germany =
//condición, se cumple muestra el resultado_1, no se
cumple muestra el resultado_2
IF (
        //HASONVALUE descarta los campos vacios
        dentro de Sales[Country]
        HASONEVALUE ( Sales[Country] ),
        IF (
         VALUES ( Sales[Country] ) IN {"USA","Germany"} ,
         SUM(Sales[ Sales]),
         "Not included"
        ),
        CALCULATE(
                //expression, filtro
                SUM(Sales[ Sales]),
                Sales[Country] IN {"USA","Germany"}
        )
)
```

072. Cálculo de una expresión solo si se seleccionan una o N condiciones específicas

Modelado > nueva medida

```
Sales Germany 2016 =
//calculo de una expresion solo si se seleccionan uno o
varias condiciones especificas
IF (
        //condicion
        SELECTEDVALUE ( 'Calendar'[Year] ) = 2016 &&
        SELECTEDVALUE ( Sales[Country] ) = "Germany",
        //resultado si se cumple la condicion
        SUM ( Sales[ Sales] ),
        //resultado si no se cumple la condición
        BLANK ()
)
```

073. Excluir del cálculo las filas que contengan algún campo vacío

Herramientas de tabla > nueva columna

```
Net sale with discount =
//quedan excluidas del calculo las filas que contengan
//en las columnas especificadas celdas vacias
IF (
        //condicion
        AND (
                Sales[Gross Sales] <> BLANK() ,
                Sales[Discounts] <> BLANK()
        ),
        //resultado si se cumple la condicion
        Sales[Gross Sales] - Sales[Discounts],
        //resultado si no se cumple la condicion
        BLANK ()
)
```

074. Mostrar todos los valores aunque sean ceros

Herramientas de tabla > nueva columna

Discounts (1) =
//en un grafico mostrar todos los valores aunque sean
ceros
//en una tabla sustituir los valores en blanco de una
columna por ceros
Sales[Discounts] + 0

075. Valor máximo de un total

Modelado > nueva medida

Total best selling product (5) =
//calcular el total del producto mas vendido
//creamos una variable que obtenga una tabla resumen
por total venta productos
VAR baseTable =
        SUMMARIZE(
                //tabla
                Sales,
                //columna
                Sales[Product],
                //expresion
                "totalSale",SUM(Sales[Sales])
)

RETURN

MAXX(
        //tabla
        baseTable,
        //expresion
        [totalSale]
)

076. Nombre campo del valor máximo de un total

STEP.1
Continuando con el ejemplo anterior, vamos averiguar el nombre del producto más vendido. Para ello, debemos realizar previamente el punto 075.

STEP.2
Herramientas de tabla > nueva tabla

```
Summary table =
SUMMARIZE(
        Sales,
        Sales[Product],
        "totalSale", SUM(Sales[ Sales])
)
```

STEP.3
Modelado > nueva medida

```
Top selling product name =
//columna_resultado,columna_busqueda,expresion,result
ado_sino_se_encuentra
LOOKUPVALUE(
        'Summary table'[Product],
        'Summary table'[totalSale],
        [Total best selling product (5)],
        "There is more than one value"
)
```

077. Crear una medida filtrando el resultado a partir de N tablas relacionadas (1)
Modelado > nueva medida

```
Sales France 2016 (1) =
//crear una medida (iterador) filtrando el resultado a
partir de varias tablas relacionadas
SUMX(
        //tabla
        FILTER(
          Sales,
          AND(
            RELATED ( 'Country Tax'[Country] ) = "France",
            RELATED ( 'Calendar'[year] ) = 2016
          )
        ),
        //expression
        Sales[ Sales]
)
```

078. Crear una medida filtrando el resultado a partir de N tablas relacionadas (2)

Modelado > nueva medida

```
Sales France 2016 (2) =
//crear una medida (no iterador) filtrando el resultado a
partir de varias tablas relacionadas
CALCULATE (
        //expression
        SUM ( Sales[ Sales] ),
        //filtro
        FILTER (
          Sales,
          AND (
            RELATED ( 'Country Tax'[Country] ) = "France",
            RELATED ( 'Calendar'[year] ) = 2016
          )
        )
)
```

079. Obtener una muestra N de un campo específico
Herramientas de tabla > nueva tabla

```
Sales sample  =
//obtener una muestra al azar de los valores de una fila
//tamaño_muestra,tabla,columna,orden
SAMPLE ( 10, Sales, Sales[Sales ID], ASC )
```

080. Obtener una muestra N de un campo específico
que cumple N condiciones
Herramientas de tabla > nueva tabla

```
Sales sample Germany 2016 =
//obtener una muestra al azar de los valores de una
columna que cumplen una  o mas condiciones
CALCULATETABLE(
        //tabla
        //tamaño_muestra,tabla,columna,orden
        SAMPLE(10, Sales, Sales[Sales ID], ASC),
        //filtro
        FILTER(
                Sales,
                AND(
                    Sales[Country]="Germany",
                    RELATED('Calendar'[year])=2016
                )
        )
)
```

081. Crear una columna o medida que cumpla una
condición respecto a otra columna (1)
Herramientas de tabla > nueva columna

Sales type (2) -BOOLE =

```
//crear una columna que cumpla una condición respecto a
otra columna
IF(
        //condicion
        Sales[ Sales]<15000,
        //resultado si se cumple la condicion
        //tabla[columna],expresion,resultado,expresion,
        resultado...,resto
        SWITCH(
                TRUE(),
                Sales[Country]="Canada","LOW",
                Sales[Country]="Germany","NORMAL",
                Sales[Country]="France","LOW",
                Sales[Country]="UK","LOW",
                Sales[Country]="USA","LOW",
                Sales[Country]="Mexico","NORMAL",
                "Unknow"
        ),
        //resultado si no se cumple la condición
        IF(
                //condicion
                AND(
                   Sales[ Sales]>15001,
                   Sales[ Sales]<30000
                ),
                //resultado si se cumple la condicion
                //tabla[columna],expresion,resultado,
                expresion,resultado...,resto
            SWITCH(
                TRUE(),
                Sales[Country]="Canada","NORMAL",
                Sales[Country]="Germany","HIGH",
                Sales[Country]="France","NORMAL",
                Sales[Country]="UK","HIGH",
                Sales[Country]="USA","NORMAL",
                Sales[Country]="Mexico","HIGH",
                "Unknow"
```

```
            ),
                //resultado si no se cumple la condición
                IF(
                    //condicion
                    Sales[ Sales]>3001,
                    //resultado si se cumple la condicion
                    //tabla[columna], expresion, resultado,
                    expresion, resultado...,resto
                    SWITCH(
                        TRUE(),
                        Sales[Country]="Canada","HIGH",
                        Sales[Country]="Germany","HIGH",
                        Sales[Country]="France","HIGH",
                        Sales[Country]="UK","HIGH",
                        Sales[Country]="USA","HIGH",
                        Sales[Country]="Mexico","HIGH",
                        "Unknow"
                    ) ,
                    //resultado si no se cumple la
                    condición
                    BLANK()
                )
            )
)
```

082. Crear una columna o medida que cumpla una condición respecto a otra columna (2)

Herramientas de tabla > nueva columna

```
Continent (1) =
//crear una columna que cumpla una condición respecto a
otra columna
SWITCH(
        TRUE(),
        Sales[Country]="Canada","AMERICA",
        Sales[Country]="Germany","EUROPE",
```

```
        Sales[Country]="France","EUROPE",
        Sales[Country]="UK","EUROPE",
        Sales[Country]="USA","AMERICA",
        "Unknow"
)
```

083. Crear una columna o medida que cumpla una condición respecto a otra columna (3)

Herramientas de tabla > nueva columna

```
Continent (2) =
//crear una columna que cumpla una condición respecto a
otra columna
SWITCH(
        Sales[Country],
        "Canada","AMERICA",
        "Germany","EUROPE",
        "France","EUROPE",
        "UK","EUROPE",
        "USA","AMERICA",
        "Unknow"
)
```

084. Crear una tabla que filtre los valores para un slicer

Herramientas de tabla > nueva tabla

```
Filtered by country =
//obtiene valores de filtrado para un "slicer"
FILTERS(Sales[Country])
```

085. Ranking N conceptos (1)

Herramientas de tabla > nueva tabla

```
Top 2 products sales (1) =
//nombre de los 2 productos más vendidos
//creamos una variable que devuelve una tabla
VAR salesPerProduct =
        SUMMARIZE (
                Sales,
                Sales[Product],
                "totalSales", SUM ( Sales[ Sales] )
            )

RETURN

TOPN ( 2, salesPerProduct, [totalSales] )
```

086. Ranking N conceptos (2)

Modelado > nueva medida

```
Top 2 products sales (2) =
//valor total de las ventas de los 2 productos más
vendidos
//partimos para el calculo de la tabla obtenida en el punto
085
SUM('Top 2 products sales (1)'[totalSales])
```

087. Ranking N conceptos (3)

Herramientas de tabla > nueva tabla

```
Top 2 products sales in Canada =
VAR salesPerProduct =
CALCULATETABLE(
        //tabla
        SUMMARIZE (
                Sales,
                'Calendar'[year],
```

```
            Sales[Country],
            Sales[Product],
            "totalSales", SUM ( Sales[ Sales] )
        ),
        //filtro
        Sales[Country] = "Canada"
)

RETURN

TOPN ( 2, salesPerProduct, [totalSales] )
```

088. Ranking N conceptos (4)

Modelado > nueva medida

```
Salesman ranking (1) =
//devuelve la posición dentro del rango para cada valor
resultante
IF(
        HASONEVALUE(Sales[Salesman]),
        //resultado si se cumple la condicion
        RANKX(ALL(Sales[Salesman]),[Total Sales],,DESC),
        //resultado si no se cumple la condición
        BLANK()
)
```

089. Ranking N conceptos (5)

Modelado > nueva medida

```
Salesman ranking (2) =
//muestra el ranking de vendedores para el año que se
seleccione
//independientemente del resto de filtros de contexto
CALCULATE(
        //expression
```

```
IF(
        //condicion
        HASONEVALUE(Sales[Salesman]),
        //resultado si se cumple la condicion
        RANKX(
                ALL(Sales[Salesman]),
                [Total Sales],,DESC
        ),
        //resultado si no se cumple la condición
        BLANK()
    ),
    //filtro
    ALLSELECTED('Calendar'[year])
)
```

090. Ranking N conceptos (6)

Modelado > nueva medida

```
Salesman ranking (3) =
IF(
        //condicion
        ISINSCOPE(Sales[Product]),
        //resultado si se cumple la condicion
        RANKX(
                ALL(Sales[Product]),
                [Total Sales]
        ),
        //resultado si no se cumple la condición
        IF(
                //condicion
                ISINSCOPE(Sales[Category]),
                //resultado si se cumple la condicion
                RANKX(
                        ALL(Sales[Category]),
                        [Total Sales]
                )
```

```
        )
)
```

091. Ranking inverso N conceptos

Modelado > nueva medida

```
Bottom Ranked Products =
/ranking de los tres productos con menos ventas
VAR SalesTable =
FILTER(
        VALUES('Product'[Product]),
        [Total Sales] > 0
)

RETURN

CONCATENATEX(
        TOPN(
                3,
                SalesTable,
                [Total Sales],
                ASC
        ),
        'Product'[Product],
        ", "
)
```

092. Forzar una segunda relación entre tablas

Modelado > nueva medida

```
Sales per date2 (1) =
//forzar una segunda relacion entre tablas
//vamos en Power BI a relaciones y arrastramos con el
raton
//un campo sobre el otro
```

```
//expresion,filtro
CALCULATE (
        //expresion
        SUM ( Sales[ Sales] ),
        //filtro
        //tabla_tipo_relacion_a_varios, tabla_tipo_
        relacion_a_uno
        USERELATIONSHIP ( Sales[Date2], Calendar[Date] )
)
```

093. Rellenar espacios en blanco de una columna con ceros (1)

Modelado > nueva medida

```
Discount Blank (1) =
//rellenar campos en blanco de una columna con ceros
//devuelve la primera expresión que no se evalue como
BLANK
COALESCE( SELECTEDVALUE( Sales[Discounts] ), 0)
```

094. Rellenar espacios en blanco de una columna con ceros (2)

Modelado > nueva medida

```
Discount Blank (2) =
//evita que el resultado de una expresion sea un campo
enblanco
//devuelve la primera expresión que no se evalue como
BLANK
//condición, resultado positivo, resultado negativo
IF(
        //condicion
        ISBLANK(SELECTEDVALUE( Sales[Discounts] ) ),
        //resultado si se cumple la condicion
```

        0,
        //resultado si no se cumple la condición
        SELECTEDVALUE(Sales[Discounts])
)

095. Crear una columna o medida que no le afecten filtros de contexto

Modelado > nueva medida

```
Netop V10 sales =
//calcular un resultado para una columna sin que le afecta
ningún filtro de contexto
//expresion,filtro
CALCULATE (
        SUM ( Sales[ Sales] ),
        //la funcion ALL evita la aplicacion de cualquier
         filtro de contexto
        ALL ( Sales )
)
```


096. Crear una columna o medida con N condiciones filtradas desde la misma tabla

Modelado > nueva medida

```
Total sales Germany/Tower (1) =
//aplicación del comando ALL a varias tablas sobre las que
vamos aplicar una condición
//expresion,filtro
CALCULATE(
        SUM(Sales[ Sales]),
        FILTER(
                ALL(Sales),
                AND(
                        Sales[Country] = "Germany",
```

```
                Sales[Product] = "Tower"
            )
        )
)
```

097. Crear una columna o medida con N condiciones filtradas desde varias tablas

Modelado > nueva medida

```
Total sales Germany/Tower (2) =
//aplicación del comando ALL a varias tablas sobre las que
vamos aplicar una condición
CALCULATE(
    //expresion
    SUM(Sales[ Sales]),
    //filtro
    FILTER(
        //ALL evita que le afecten filtros de contexto
        ALL(Sales),
        AND(
           RELATED('Country Tax'[Country]) = "Germany",
           RELATED(Product[Product]) = "Tower"
        )
    )
)
```

098. Crear una columna o medida donde un filtro de contexto afecte solo a un campo específico

Modelado > nueva medida

```
Total sales per selected month =
//el filtro solo afecta a un campo
//creamos una variable
VAR totalSales =
```

SUM(Sales[Sales])

RETURN

CALCULATE(
        totalSales,
        //ALLSELECTED elimina los filtros de contexto de
        columnas y filas de la consulta que se esté
        realizando salvo en la tabla[columna] que
        contenga
        ALLSELECTED(Calendar[Month])
)

099. Crear una columna o medida donde "N" filtros de contexto afecten solo a "N" campos específicos

Modelado > nueva medida

Percent of total per country and product =
//filtros que afecten a mas de un campo
VAR totalSales =
SUM(Sales[Sales])

RETURN

CALCULATE(
        //expresion
        totalSales,
        //filtro
        ALLSELECTED(Product[Product]),
        ALLSELECTED('Country Tax'[Country])
)

100. Crear una columna o medida filtrada a partir de N tablas

Modelado > nueva medida

```
Sales Hardware (1) =
//se obtiene un resultado que cumple las condiciones de
un filtro que pertenece a una misma tabla y un segundo
filtro que pertenece a una segunda tabla
CALCULATE(
    //expresion
    SUM(Sales[ Sales]),
    //filtro
    FILTER(
        //tabla
        Sales,
        //filtro
            AND(
                Sales[Units Sold] > 1000 ,
                //filtro a traves de una columna de una
                tabla relacionada
                RELATED(Category[Category])="Hardware"
            )
    )
)
```

101. Calcular medida acumulada (1)

Modelado > nueva medida

```
Cumulative Sales (1) =
//calcular una medida acumulada
//expresion,filtro
CALCULATE(
        //expresion
        SUM ( Sales[ Sales] ),
        //filtro
```

```
FILTER (
        //la función ALL impide que le afecten
        filtros de contexto
        ALL ( Sales ),
        Sales[Date] <= MAX ( Sales[Date])
    )
)
```

102. Calcular medida acumulada (2)

Modelado > nueva medida

```
Cumulative Sales (2) =
//calcular una medida acumulada
//expresion,filtro
CALCULATE(
        //expresion
        SUM(Sales[ Sales]),
        //le afecta solo el filtro de contexto `Year`
        FILTER(
                ALLEXCEPT(Sales, 'Calendar'[year]),
                Sales[Date]<=MAX(Sales[Date])
        )
)
```

103. Calcular número de filas únicas

Herramientas de tabla > nueva columna

```
STEP 1
Text String =
//crear columna que combine valores de varias columnas
//delimitador, tabla1[columna1],
tabla1[columna2],..,tabla1[columnaN]
COMBINEVALUES(
        ","
        Sales[Country],
```

        Sales[Category],
        Sales[Product]
)

STEP 2
Modelado > nueva medida

Unique values per row =
DISTINCTCOUNT(Sales[Text String])

104. Tabla de filas con valores únicos
Herramientas de tabla > nueva tabla

Single rows =
VALUES(Sales[Text String])

105. Calcular el número de valores repetidos en una columna
Modelado > nueva medida

Repeated countries =
//contar el numero de veces que se repiten los paises
COUNT(Sales[Country]) - DISTINCTCOUNT(Sales[Country])

106. Calcular el número de veces que se repite un valor específico en una columna
Modelado > nueva medida

Repeated countries (Canada) =
//contar el numero de veces que se repite "Canada"
CALCULATE(
        //expresion

```
COUNT( Sales[Country] ) –
DISTINCTCOUNT( Sales[Country] ),
//filtro
Sales[Country]="Canada"
)
```

107. Número de veces que se cumple una condición (1)

Modelado > nueva medida

```
Number of sales of a product -MOUSE (1) =
//contar el numero de veces que aparece un valor en
texto
//NO le afectan filtros de contexto
CALCULATE(
        //expresion
        COUNTAX (
                //tabla
                ALL ( Sales ),
                //expresion
                Sales[Product]
        ),
        //filtro
        Sales[Product]="Mouse"
)
```

108. Número de veces que se cumple una condición (2)

Modelado > nueva medida

```
Number of sales of a product -MOUSE (1) =
//contar el numero de veces que aparece un valor en
texto
//SI le afectan filtros de contexto
```

```
CALCULATE(
        //expression
        COUNTAX (
                //tabla
                Sales,
                //expresion
                Sales[Product]
        ),
        //filtro
        Sales[Product]="Mouse"
)
```

109. Número de veces que se cumple una condición (3)

Modelado > nueva medida

```
Number of sales <10k =
//contar el numero de veces que aparece un valor
numerico
//si le afectan filtros de contexto

CALCULATE(
        //expresion
        COUNTX(
                //tabla
                Sales,
                //expresion
                Sales[ Sales]
        ),
        //filtro
        FILTER(Sales, Sales[ Sales]<10000)
)
```

110. Número de veces que se cumple una condición (4)

Modelado > nueva medida

```
Number of sales <10k (2) =
//contar el numero de veces que aparece un valor
numerico
//no le afectan filtros de contexto
CALCULATE(
        //expresion
        COUNTX(
                //tabla
                ALL(Sales),
                //expresion
                Sales[ Sales]
        ),
        //filtro
        FILTER(Sales, Sales[ Sales]<10000)
)
```

111. Buscar una fila que contenga valores especificados

Modelado > nueva medida

```
Row containing the values =
//buscar una fila en la tabla "Localization" que contenga
los valores especiifcados
//la medida arroja los resultados TRUE or FALSE
//tabla,columna_1,columna_2,columna_3..
CONTAINSROW(Localization,"Germany","Berlin")
```

112. Buscar una columna que contenga valores especificados

Modelado > nueva medida

Sales to Italy =
//la medida arroja los resultados TRUE or FALSE
CONTAINS(Sales, Sales[Country],"Italy")

113. Condición: MENOR QUE

```
Calculated_Column =
IF(
        //condicion
        Sales[ Sales]<10000,
        //resultado si se cumple la condicion
        TRUE(),
        //resultado si no se cumple la condicion
        FALSE()
)
```


114. Condición: MAYOR QUE

```
Calculated_Column =
IF(
        //condicion
        Sales[ Sales]>10000,
        //resultado si se cumple la condicion
        TRUE(),
        //resultado si no se cumple la condicion
        FALSE()
)
```

115. Condición: DISTINTO DE

```
Calculated_Column =
IF(
        //condicion
        Sales[Product]<>"Netop V10",
        //resultado si se cumple la condicion
        TRUE(),
        //resultado si no se cumple la condicion
        FALSE()
)
```

116. Condición: AND (1)

```
Calculated_Column =
IF(
        //condicion
        Sales[Country]="Canada" &&
        Sales[Sector]="Midmarket" ,
        //resultado si se cumple la condicion
        TRUE(),
        //resultado si no se cumple la condicion
        FALSE()
)
```

117. Condición: AND (2)

```
Calculated_Column =
IF(
        //condicion
        AND(
                Sales[Country]="Canada" ,
                Sales[Sector]="Midmarket"
        ),
```

```
        //resultado si se cumple la condicion
        TRUE(),
        //resultado si no se cumple la condicion
        FALSE()
)
```

118. Condición: OR (1)

```
Calculated_Column =
IF(
        //condicion
        Sales[Country]="Canada" ||
        Sales[Sector]="Midmarket",
        //resultado si se cumple la condicion
        TRUE(),
        //resultado si no se cumple la condicion
        FALSE()
)
```

119. Condición: OR (2)

```
Calculated_Column =
IF(
        //condicion
        OR(
            Sales[Country]="Canada",
            Sales[Sector]="Midmarket"
        ),
        //resultado si se cumple la condicion
        TRUE(),
        //resultado si no se cumple la condicion
        FALSE()
)
```

120. Condición: MENOR O IGUAL QUE

```
Calculated_Column =
IF(
        //condicion
        Sales[ Sales]<=10000,
        //resultado si se cumple la condicion
        TRUE(),
        //resultado si no se cumple la condicion
        FALSE()
)
```

121. Condición: MAYOR O IGUAL QUE

```
Calculated_Column =
IF(
        //condicion
        Sales[ Sales]>=10000,
        //resultado si se cumple la condicion
        TRUE(),
        //resultado si no se cumple la condicion
        FALSE()
)
```

122. Condición: ENTRE

```
Number of sales between 100 and 1000 units =
//expresion: entre dos valores (cantidades,fechas,..)
CALCULATE (
        //expresion
        COUNTROWS(Sales),
        //filtro
        FILTER (
                //tabla
```

```
                Sales,
                //filtro
                AND(
                        Sales[Units Sold] > 100 ,
                        Sales[Units Sold] < 1000
                )
        )
)
```

123. Condición: INCLUIDO

```
Product sold (1) =
CALCULATE (
    //expresion
    SUM ( Sales[ Sales] ),
    //filtro
    //se calcula la expresion para cada fila que
    contiene alguno de los tres productos
    FILTER(
       //tabla
       Sales,
       //filtro
       Sales[Product] IN { "Mouse", "Keyboard", "Paper"}
    )
)
```

124. Condición: NO INCLUIDO

```
Product sold (2) =
CALCULATE (
    //expresion
    SUM ( Sales[ Sales] ),
    //filtro
    //se calcula la expresion para cada fila que NO
    contiene alguno de los tres productos
```

```
FILTER(
    //tabla
    Sales,
    //filtro
    NOT(Sales[Product]) IN { "Mouse", "Keyboard",
    "Paper" }
    )
)
```

125. Condición: NO

```
Sales target =
//devuelve TRUE or FALSE
NOT ( Sales[ Sales] < 10000 )
```

126. Condición: SI

Herramientas de tabla > nueva columna

```
Discounts (2) =
IF (
        //condicion: campo vacio de tabla[columna]
        especificado
        Sales[Discounts]>1000 ,
        //resultado positivo especificado por nosotros
        "HIGH",
        //resultado negativo especificado por nosotros
        "LOW"
)
```

127. Condición: SI ERROR

Applied discount =

//en caso de NO cumplirse la condición previa el valor
resultante lo definimos nosotros
IFERROR(
        //expresion
        DIVIDE(Sales[COGS], Sales[Discounts]),
        //resultado definido por nosotros en caso de que l
        a expresión de error
        BLANK()
)

128. Condición: CAMPO SI EN BLANCO

Herramientas de tabla > nueva columna

Discounts (1) =
//si un campo esta en blanco aplica el resultado positivo,
//si un campo NO está en blanco aplica el resultado
negativo
IF(
        //condicion: campo vacio de tabla[columna]
        especificado
        ISBLANK(Sales[Discounts]),
        //resultado positivo especificado por nosotros
        "not applied",
        //resultado negativo especificado por nosotros
        "applied"
)

129. Condición: CAMPO NO EN BLANCO

Herramientas de tabla > nueva columna

Discounts (1) =
//si un campo está en blanco aplica el resultado positivo,
//si un campo NO está en blanco aplica el resultado
negativo
IF(

```
//condicion: campo vacio de tabla[columna]
especificado
NOT( ISBLANK(Sales[Discounts])),
//resultado positivo especificado por nosotros
"not applied",
//resultado negativo especificado por nosotros
"applied"
)
```

130. Primer valor que cumple una condición (1)

Modelado > nueva medida

```
Total discounts per salesman =
FIRSTNONBLANKVALUE(
        //columna
        Sales[Salesman],
        //expresion
        SUM(Sales[Discounts])
)
```

131. Primer valor que cumple una condición (2)

Modelado > nueva medida

```
First sale =
FIRSTNONBLANK (
        //columna
        Sales[Salesman],
        //expresion
        CALCULATE(SUM(Sales[Discounts]))
)
```

132. Último valor que cumple una condición (1)

Modelado > nueva medida

```
Last sale =
LASTNONBLANK (
      //columna
      Sales[Salesman],
      //expresion
      CALCULATE(SUM(Sales[Discounts]))
)
```

133. Último valor que cumple una condición (2)

Modelado > nueva medida

```
Total discounts per salesman =
LASTNONBLANKVALUE(
      //columna
      Sales[Salesman],
      //expresion
      SUM(Sales[Discounts])
)
```

134. Primer valor que cumple más de una condición (1)

Modelado > nueva medida

```
First purchase amount per customer -Canada 2016  =
CALCULATE (
      //expression
      FIRSTNONBLANKVALUE (
            //columna
            Sales[Sector],
            //expresion
            SUM ( Sales[ Sales] )
      ),
      //filtro
```

```
FILTER (
        //la funcion ALL evita que le afecten filtros
        de contexto
        //tabla
        ALL ( Sales ),
        //filtro
        AND (
          Sales[Country] = "Canada",
          //filtro a traves de una columna
          de una tabla relacionada
          RELATED('Calendar'[year]) = 2016
        )
    )
)
```

135. Primer valor que cumple más de una condición (2)

Modelado > nueva medida

```
First purchase amount per customer in Midmarket Sector
-Canada 2016  =
CALCULATE (
    //expression
    FIRSTNONBLANKVALUE (
        //columna
        Sales[Sector],
        //expression
        SUM ( Sales[ Sales] )
    ),
    //filtro
    FILTER (
        //no afectan filtros de contexto
        //tabla
        ALL ( Sales ),
        //filtro
        AND (
```

```
        Sales[Country] = "Canada",
        //filtro a traves de una columna de una tabla
        relacionada
        RELATED ( 'Calendar'[year] ) = 2016
      )
  ),
  FILTER (
      //tabla
      Sector,
      //filtro
      Sector[Sector] = "Midmarket"
  )
)
```

136. Último valor que cumple más de una condición (1)

Modelado > nueva medida

```
Last purchase amount per customer -Canada 2016  =
CALCULATE (
      //expression
      LASTNONBLANKVALUE (
          //columna
          Sales[Sector],
          //expresion
          SUM ( Sales[ Sales] )
      ),
      FILTER (
          //no afectan filtros de contexto
          //tabla
          ALL ( Sales ),
          //expresion
          AND (
                Sales[Country] = "Canada",
                //filtro a traves de una columna
                de una tabla relacionada
```

                    RELATED('Calendar'[year]) = 2016
)
)
)

137. Último valor que cumple más de una condición (2)

Modelado > nueva medida

```
Last purchase amount per customer in Midmarket Sector -
Canada 2016  =
CALCULATE (
        //expresion
        LASTNONBLANKVALUE (
                //columna
                Sales[Sector],
                //expresion
                SUM ( Sales[ Sales] )
        ),
        FILTER (
                //no afectan filtros de contexto
                //tabla
                ALL ( Sales ),
                //filtro
                AND (
                        Sales[Country] = "Canada",
                        //filtro a traves de una columna
                        de una tabla relacionada
                        RELATED ( 'Calendar'[year] ) = 2016
                )
        ),
        FILTER (
                //tabla
                Sector,
                //filtro
                Sector[Sector] = "Midmarket"
```

)
)

138. Calcular una medida ignorando campos vacíos

Modelado > nueva medida

Salesmans total sales =
//descarta las ventas en las que el campo "Discounts" este
vacio
CALCULATE(
        //expresion
        SUM(Sales [Sales]),
        //filtro
        FILTER(
                //table
                Sales,
                //filtro
                NOT ISBLANK(Sales[Discounts])
)
)

139. Calcular una medida ignorando campos que contengan un valor específico

Modelado > nueva medida

Total Sales -not Canada =
//la medida descarta en el calculo los valores
correspondientes a Canada
CALCULATE(
        //expresion
        SUM(Sales [Sales]),
        //filtro
        FILTER(
                //tabla

```
		Sales,
		//filtro
		Sales[Country] <> "Canada"
	)
)
```

140. Sustituir un valor por otro

Herramientas de tabla > nueva columna

```
Continent =
//sustituir un valor por otro en una nueva columna
SWITCH (
	TRUE (),
	'Country Tax'[Country] = "Canada", "American",
	'Country Tax'[Country] = "Germany", "European",
	'Country Tax'[Country] = "France", "European",
	'Country Tax'[Country] = "Mexico", "American",
	'Country Tax'[Country] = "USA", "American",
	'Country Tax'[Country] = "UK", "European",
	//y si no es ninguno de los anteriores deja el
	campo en blanco
	BLANK ()
)
```

141. Encontrar un texto específico dentro de una cadena de texto (1)

Herramientas de tabla > nueva columna

```
FIND "John" =
//busca la posición (contando desde la izquierda) de la
primera aparición de un carácter
//o de una cadena de texto dentro de otra cadena de
texto.
//SI discrimina entre mayusculas y minusculas.
```

```
IFERROR(
    FIND("John", Salesman[Salesman]),
    BLANK()
)
```

142. Encontrar un texto específico dentro de una cadena de texto (2)

Herramientas de tabla > nueva columna

```
SEARCH "John" =
//busca la posición (contando desde la izquierda) de la
primera aparición de un carácter
//o de una cadena de texto dentro de otra cadena de
texto.
//NO discrimina entre mayusculas y minusculas.
IFERROR(
        SEARCH("John",Salesman[Salesman]), BLANK()
)
```

143. Pasar texto a minúsculas

Herramientas de tabla > nueva columna

```
Lowercase text =
//pasar texto a minusculas
LOWER(Salesman[Salesman])
```

144. Pasar texto a mayúsculas

Herramientas de tabla > nueva columna

```
Uppercase text =
//pasar texto a mayusculas
UPPER(Salesman[Salesman])
```

145. Extraer texto de una cadena de texto

Herramientas de tabla > nueva columna

```
Extract text =
//extraer una cadena de texto
//texto, posicion_inicial, numero_caracteres
MID(Salesman[Salesman], 3, 2)
```

146. Buscar un texto dentro de una cadena de texto y extraerlo

Herramientas de tabla > nueva columna

```
Search and Extract =
//buscar y extraer un texto dentro de una cadena de texto
IFERROR(
        //expresion que debe cumplirse
        MID(
                Salesman[Salesman],
                SEARCH("John", Salesman[Salesman]),
                2
        ),
        //resultado en caso de no cumplirse
        BLANK()
)
```

147. Sustituir un valor dentro de una cadena de texto por otro

Herramientas de tabla > nueva columna

```
Replace text string (1) =
//elimina una cadena de 2 caracteres a partir de la
posición 3
//y la reemplaza por un único carácter
REPLACE( Salesman[Salesman], 3, 2, "_")
```

148. Buscar y sustituir un valor dentro de una cadena de texto por otro

Herramientas de tabla > nueva columna

```
Replace text string (2) =
//busca y elimina una cadena de caracteres y la reemplaza
por otra cadena de texto
IFERROR(
        //expresion que debe cumplirse
        REPLACE(
                Salesman[Salesman],
                SEARCH("h",Salesman[Salesman]), 2, "_"
        ),
        //resultado en caso de no cumplirse
        BLANK()
)
```

149. Insertar un valor dentro de una cadena de texto

Herramientas de tabla > nueva columna

```
Insert text string (1) =
//inserta una cadena de texto en la posición indicada sin
borrar nada
//para ello utilizamos el valor 0
REPLACE( Salesman[Salesman], 3, 0, "_")
```

150. Insertar un valor al principio de una cadena de texto

Herramientas de tabla > nueva columna

```
InsertInsert text string (2) =
//inserta una cadena de texto al principio sin borrar nada
REPLACE( Salesman[Salesman], 1, 0, "_")
```

151. Insertar un valor al final de una cadena de texto
Herramientas de tabla > nueva columna

Insert text string (3) =
//inserta una cadena de texto al final sin borrar nada
//el 100 representa un largo de campo no superado por el
contenido de los campos de la columna
REPLACE(Salesman[Salesman], 100, 1, "_")

152. Extraer texto de una cadena de texto (1)
Herramientas de tabla > nueva columna

Extract text from right =
//extraemos un numero de caracteres de derecha a
izquierda
//tabla[columna];numero_de_caracteres
RIGHT(Salesman[Salesman],4)

153. Extraer texto de una cadena de texto (2)
Herramientas de tabla > nueva columna

Extract text from left =
//extraemos un numero de caracteres de izquierda a
derecha
//tabla[columna];numero_de_caracteres
LEFT(Salesman[Salesman],4)

154. Reemplazar uno o N caracteres por otros
Herramientas de tabla > nueva columna

Replace blanks =
//remplazar los espacios en blaco por "_"
//tabla[Columna]; texto_viejo; texto_nuevo

SUBSTITUTE(Salesman[Salesman]," ","_")

155. Eliminar espacios en blanco del texto e inserta un único espacio entre cada palabra
Herramientas de tabla > nueva columna

Remove blanks =
//sustituir espacios en blanco del texto por un unico espacio en blanco entre cada palabra
TRIM(Salesman[Salesman])

156. Búsqueda de texto. No distingue entre mayúsculas y minúsculas (1)
Herramientas de tabla > nueva columna

Search "owe" =
//no discrimina entre mayusculas y minusculas
//el simbolo "?" representa cualquier caracter, por ejemplo: "Tower" encajaria en la busqueda
//tabla[columna],texto_a_buscar
CONTAINSSTRING(Product[Product],"?owe?")

157. Búsqueda de texto. No distingue entre mayúsculas y minúsculas (2)
Herramientas de tabla > nueva columna

Search "owe" =
//NO discrimina entre mayusculas y minusculas
//el simbolo "*" representa cualquier conjunto de caracteres, por ejemplo: "Tower" y "Power BI" encajarian en la busqueda
//tabla[columna],texto_a_buscar
CONTAINSSTRING(Product[Product],"*owe*")

158. Búsqueda de texto. Distingue entre mayúsculas y minúsculas
Herramientas de tabla > nueva columna

Search "Power" =
//SI discrimina entre mayusculas y minusculas
//tabla[columna],texto_a_buscar
CONTAINSSTRINGEXACT(Product[Product],"Power")

159. Concatenar columnas (1)
Herramientas de tabla > nueva columna

Join Localization and Province (1) =
//unir valores de distintas columnas
CONCATENATE(
        Localization[Country],
        Localization[Province]
)

160. Concatenar columnas (2)
Herramientas de tabla > nueva columna

Join Localization and Province (2) =
//utilizamos "&" para la union de dos columnas o mas con separador
//el separador se especifica entre comillas
Localization[Country]&","&Localization[Province]

161. Concatenar columnas (3)
Herramientas de tabla > nueva columna

Join country, category and product =

```
//concatenar mas de dos campos por fila utilizando un
separador
COMBINEVALUES(
        //delimitador
        ",",
        // tabla1[columna1]
        Sales[Country],
        // tabla1[columna2],..,
        Sales[Category],
        // tabla1[columnaN]
        Sales[Product]
)
```

162. Mostrar en una tarjeta una expresión que dé como resultado más de un valor

Modelado > nueva medida

```
Ranked Products -view on card =
//creamos una variable
VAR salesPerProduct =
SUMMARIZE (
        //tabla
        Sales,
        //columna
        Sales[Product],
        //columna calculada
        "totalSales", SUM ( Sales[ Sales] )
)

RETURN

//tabla o expresion que devuelva una tabla,
//la función , es solo como ejemplo, puedes sustituirla por
cualquier otra
CONCATENATEX(
        TOPN (
```

```
            3,
            salesPerProduct,
            [totalSales]
        ),
        Sales[Product],
        ", "
)
```

163. Calcular un % a partir de totales (1)

Herramientas de tabla > nueva columna

```
Gross profit (1) =
//arroja como resultado una cifra entera
//resultados NULL los sustituye por 0
QUOTIENT(Sales[ Sales],Sales[COGS])
```

164. Calcular un % a partir de totales (2)

Herramientas de tabla > nueva columna

```
Gross profit (2) =
//porcentaje de margen bruto sobre venta
//arroja como resultado una cifra decimal
//resultados NULL los sustituye por 0
DIVIDE(Sales[COGS],Sales[ Sales])
```

165. Calcular un % a partir de totales (3)

Modelado > nueva medida

```
Gross profit (3) =
//arroja como resultado una cifra entera
//resultados NULL los sustituye por 0
VAR totalSales = SUM(Sales[ Sales])
VAR totalCOGS = SUM(Sales[COGS])
```

RETURN
DIVIDE(totalCOGS,totalSales)

166. Calcular un % a partir de totales (4)
Herramientas de tabla > nueva columna

Gross profit (4) =
//especifica numero de decimales igual a 2
//porcentaje de margen bruto sobre venta
//arroja como resultado una cifra decimal
//resultados NULL los sustituye por 0
ROUND(DIVIDE(Sales[COGS],Sales[Sales]),2)

167. Calcular valor máximo por categoría
Modelado > nueva medida

Last ID sale per Category =
//ultimo registro de venta por categoria

MAXX(
        //table
        Sales,
        //expression
        Sales[Sales ID]
)

168. Calcular valor mínimo por categoría
Modelado > nueva medida

First ID sale per Category =
//primer registro de venta por categoria

MINX(

```
        //valor filtrado
        Sales,
        //expresion
        Sales[Sales ID]
)
```

169. Seleccionar medida desde una lista

STEP 1: modelado > nueva medida
```
//creamos N medidas por separado, en este caso dos
AverageS = AVERAGE(Sales[ Sales])
TotalS = SUM(Sales[ Sales])
```

STEP 2: inicio > introduccion de datos
```
//creamos una tabla nueva y la llamamos "Measure" y su
columna "Calculation"
//en la columna "Calculation" agregamos dos resgistros
"averageSale" y "totalSale"
//esta tabla se usa en un "slicer"
```

STEP 3: modelado > nueva medida
```
//esta medida se puede usar en un "grafico, matriz, tabla"
//en ella se representará la opción que sea seleccionada
en el slicer
Calculation type =
SWITCH(
        SELECTEDVALUE(Measure[Calculation]),
        //nombre columna,expresion
        "averageSale", [AverageS],
        //nombre columna,expresion
        "totalSale", [TotalS],
        //resto
        ""
)
```

170. Valor de un campo entre dos fechas

Modelado > nueva medida

```
Sales from 01/05/2013 to 30/05/2014 =
//valor de un campo dentro de un rango de fechas
CALCULATE(
        //expresion
        SUM(Sales[ Sales]),
        //filtro
        DATESBETWEEN(
                //tabla
                Calendar[Date],
                //fecha inicio
                DATE(2013,05,01),
                //fecha fin
                DATE(2014,05,30)
        )
)
```

171. Calcular el valor de una medida desde una fecha hasta N unidades de tiempo

Modelado > nueva medida

```
SalesSales last 15 days =
CALCULATE(
        //expression
        SUM(Sales[ Sales]),
        //filtro
        DATESINPERIOD(
                //tabla
                'Calendar'[Date],
                //fecha origen
                TODAY(),
                //periodo
                -14,DAY
```

```
    )
)
```

172. Calcular el valor de una medida desde una fecha hasta N unidades de tiempo (2)

Herramientas de tabla > nueva columna

```
Sales last 40 days =
//expresion, filtro
CALCULATE(
    SUM(Sales[ Sales]),
    FILTER(
        //table
        ALL('Calendar'),
        //filtro
        Calendar[Date]>=TODAY()-40 &&
        Calendar[Date]<TODAY()
    )
)
```

173. Calcular el valor de una medida desde principio de mes hasta la última fecha del contexto actual

Modelado > nueva medida

```
Current month sales =
//ejecuta una expresion desde el primer dia del mes EN
CURSO hasta ahora
//la medida se reinicializa a cero al principio de cada mes
TOTALMTD(
        //expresion
        SUM(Sales[ Sales]),
        //tabla
        'Calendar'[Date]
)
```

174. Calcular el valor de una medida desde principio del trimestre hasta la última fecha del contexto actual

Modelado > nueva medida

```
Current quarter sales =
//ejecuta una expresion desde el primer dia del trimestre
en curso hasta ahora
//la medida se reinicializa a cero al principio de cada
trimestre
TOTALQTD(
        //expresion
        SUM(Sales[ Sales]),
        //table
        'Calendar'[Date]
)
```

175. Calcular el valor de una medida desde principio del año hasta la última fecha del contexto actual

Modelado > nueva medida

```
Current year sales (1)=
//ejecuta una expresión desde el primer día del año en
curso hasta ahora
//la medida se reinicializa a cero al principio de cada año
TOTALYTD(
        //expresion
        SUM(Sales[ Sales]),
        //tabla
        'Calendar'[Date]
)
```

176. Cálculo de una medida sobre el día en curso

Modelado > nueva medida

```
Sales today =
//calculo de una expresion con valor a dia en curso
CALCULATE(
        //expression
        SUM(Sales[ Sales]),
        //filtro
        Sales[Date] = TODAY()
)
```

177. Calcular la diferencia de tiempo entre dos fechas

Modelado > nueva medida

```
Days per sent =
//diferencia de tiempo entre dos fechas
DATEDIFF(Sales[Date2],Sales[Date],DAY)
```

178. Media

Modelado > nueva medida

```
Average sales =
//promedio importe ventas
AVERAGE(Sales[ Sales])
```

179. Suma condicional

Modelado > nueva medida

```
Sales on Germany =
//sumar valores si cumplen una condicion
SUMX(
        //tabla
```

```
FILTER(
        //tabla
        Sales,
        //filtro
        Sales[Country]="Germany"
),
//expresion
Sales[ Sales]
)
```

180. Producto condicional

Modelado > nueva medida

```
Total Product Tax =
PRODUCTX(
        //multiplica todos los valores de una columna que
         cumplen una o varias condiciones
        //table
        'Country Tax',
        //expresion
        'Country Tax'[Tax]
)
```

Glosario

ADDCOLUMNS (001,008)
ALL (030,031,033,034,036,037,043,044,050,088,089,09,..)
ALLEXCEPT (102)
ALLNOBLANKROW (044)
ALLSELECTED (089,098,099)
AND (024,034,073,077,078,080,081,096,097,100,116,1,..)
AVERAGE (005,006,007,008,169,178)
AVERAGEX (013,014,015,016,017,053)
BLANK (023,024,026,027,038,039,044,045,046,048,070,..)
CALCULATE (028,029,030,031,032,033,036,038,039,042,..)
CALCULATETABLE (006,009,010,052,053,060,080,087)
CALENDAR (001)
CEILING (067)
COALESCE (093)
COMBINEVALUES (103,161)
CONCATENATE (159)
CONCATENATEX (091,162)
CONTAINS (112)
CONTAINSROW (111)
CONTAINSSTRING (156,157)
CONTAINSSTRINGEXACT (158)
COUNT (034,045,105,106)
COUNTAX (107,108)
COUNTBLANK (046)
COUNTROWS (013,014,015,042,043,047,048,053,122)
COUNTX (037,109,110)
CROSSFILTER (038)
CURRENTGROUP (56)
DATE (170)
DATESBETWEEN (170)
DATESINPERIOD (171)
DISTINCT (003,004)
DISTINCTCOUNT (035,041,103,105,106)
DISTINCTCOUNTNOBLANK (038,039)
DIVIDE (162,165,166)

EARLIER (047,048)
EXACT (057,058,61)
EXCEPT (059,060)
FILTER (006,034,037,043,047,048,053,077,080,091,096,..)
FILTERS (084)
FIND (141)
FIRSTNONBLANKVALUE (130)
FLOOR (066)
FORMAT (001)
GROUPBY (056)
HASONEVALUE (088,089)
IF (023,024,026,027,048,081,088,089,090,091,113,114,,..)
IFERROR (127,141,142,146,148)
IN (123)
INT (068)
INTERSECT (060)
ISBLANK (044,093,127,128,137)
ISINSCOPE (089)
LASTNONBLANK (131,137)
LASTNONBLANKVALUE (132,138)
LEFT (153)
LOOKUPVALUE (012,024,025,026,076)
LOWER (143)
MAX (030,101,103)
MAXX (013,014,015,052,075,167)
MID (145,146)
MIN (001)
MINX (013,014,015,052,168)
MONTH (001)
NOT (044,123,124,128,137)
OR (117,118)
PRODUCTX (180)
QUARTER (001)
RANKX (087,088,089)
RELATED (029,076,077,134,136)
RELATEDTABLE (016,017)
REPLACE(146,147,148,149,150)

RIGHT (151)
ROLLUP (005,006,007)
ROLLUPADDISSUBTOTAL (053)
ROLLUPGROUP (054)
ROUND (064,165)
ROUNDDOWN (063)
ROUNDUP (062)
ROW (018)
SAMPLE (078)
SEARCH (141,145,147)
SELECTCOLUMNS (011,012,016,017)
SELECTEDVALUE (071,092,093,168)
SUBSTITUTE (153)
SUM (011,012,013,018,027,030,048,050,052,069,070,..)
SUMMARIZE (005,006,007,039,040,050,051,052,074,..)
SUMMARIZECOLUMNS (013,014,015)
SUMX (055,076,179)
SWITCH (001,080,081,082,139,168)
TODAY (001,170,175,176)
TOPN (084,086,090,161)
TOTALMTD (172)
TOTALQTD (173)
TOTALYTD (174)
TREATAS (38,59)
TRUNC (68)
UPPER (143)
USERELATIONSHIP (091)
VALUES (060,069,070)
YEAR (001)